AF175844

Impressum
Verlag: BABADADA GmbH, Nedderfeld 112 , 22529 Hamburg
Geschäftsführer / Verlagsleitung: Harald Hof
Druck: Books on Demand GmbH, In de Tarpen 42, 22848 Norderstedt

Imprint
Publisher: BABADADA GmbH, Nedderfeld 112 , 22529 Hamburg, Germany
Managing Director / Publishing direction: Harald Hof
Print: Books on Demand GmbH, In de Tarpen 42, 22848 Norderstedt

école

de school

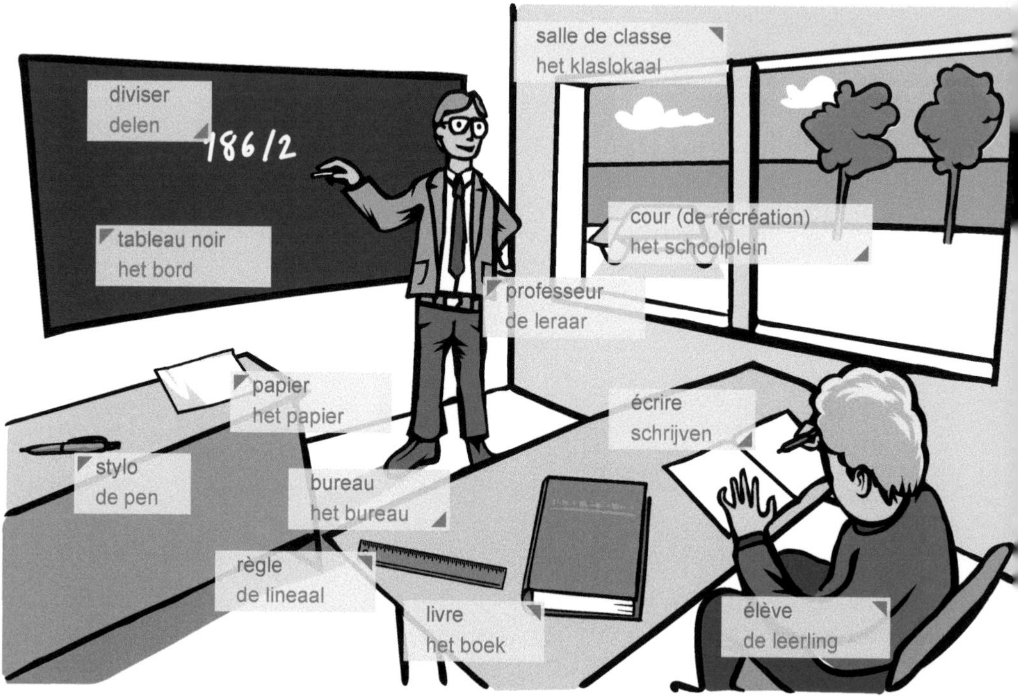

salle de classe
het klaslokaal
diviser
delen
186/2
tableau noir
het bord
cour (de récréation)
het schoolplein
professeur
de leraar
papier
het papier
écrire
schrijven
stylo
de pen
bureau
het bureau
règle
de lineaal
livre
het boek
élève
de leerling

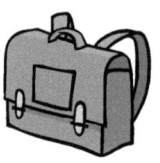

cartable

de schooltas

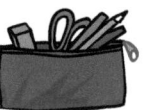

trousse

de etui

crayon

het potlood

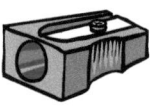

taille-crayon

de puntenslijper

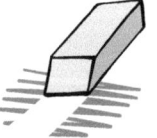

gomme

de gum

carnet à dessin

het schetsblok

dessin

de tekening

pinceau

het penseel

boîte de peinture

de verfdoos

ciseaux

de schaar

colle

de lijm

cahier d'exercices

het schrift

devoirs

het huiswerk

chiffre

het getal

2+2

additionner

optellen

soustraire

aftrekken

multiplier

vermenigvuldigen

calculer

rekenen

lettre

de letter

ABCDEFG
HIJKLMN
OPQRSTU
VWXYZ

alphabet

het alfabet

mot

het woord

texte

de tekst

lire

lezen

craie

het krijt

leçon

de les

livre de classe

het klassenboek

examen

het examen

certificat

het diploma

uniforme scolaire

het schooluniform

formation

de opleiding

lexique

de encyclopedie

université

de universiteit

microscope

de microscoop

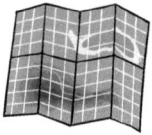

carte

de kaart

corbeille à papier

de prullenmand

voyage
de reis

hôtel
het hotel
Grand
auberge
het hostel
ROOMS
bureau de change
het wisselkantoor
CHANGE
valise
de koffer
voiture
de auto

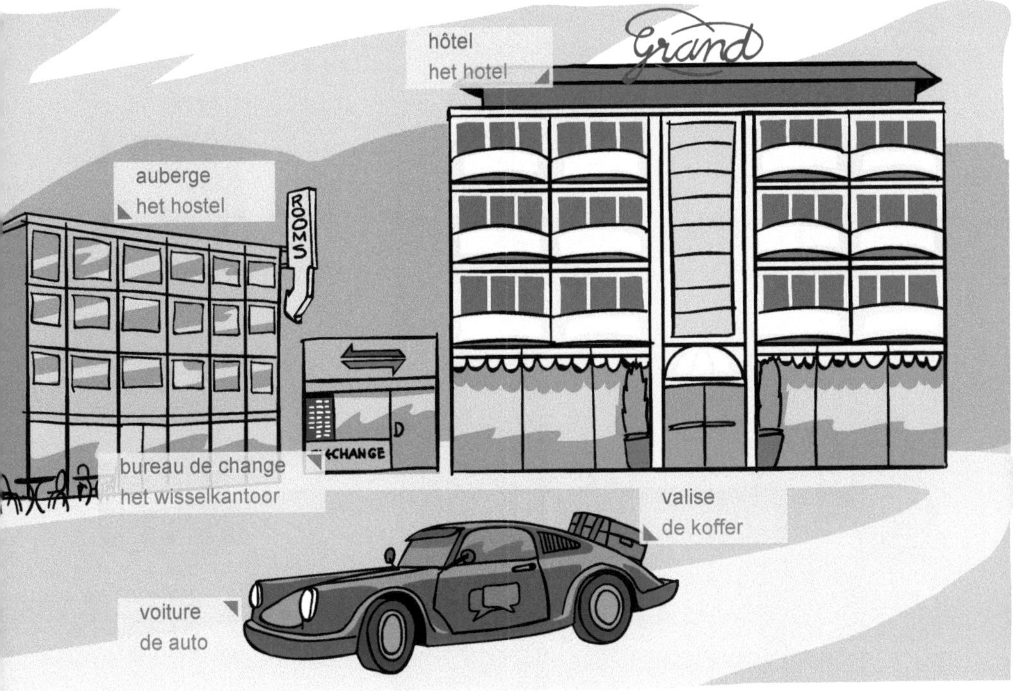

langue

de taal

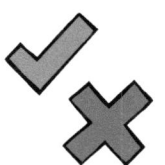

oui / non

ja / nee

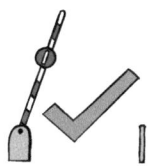

d'accord

oké

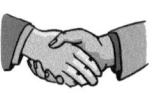

Salut

Hallo!

interprète

de tolk

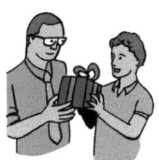

merci

Bedankt.

Combien coûte...?

Wat kost ...?

Je ne comprends pas

Ik begrijp het niet.

problème

het probleem

Bonsoir !

Goedenavond!

Bonjour !

Goedemorgen!

Bonne nuit !

Goedenacht!

Au revoir

Tot ziens!

direction

de richting

bagages

de bagage

sac

de tas

sac-à-dos

de rugzak

hôte

de gast

pièce

de kamer

sac de couchage

de slaapzak

tente

de tent

voyage - de reis

office de tourisme

het VVV-kantoor

plage

het strand

carte de crédit

de creditkaart

petit-déjeuner

het ontbijt

déjeuner

de lunch

dîner

het diner

billet

het kaartje

ascenseur

de lift

timbre

de postzegel

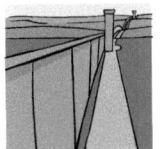

frontière

de grens

douane

de douane

ambassade

de ambassade

visa

het visum

passeport

het paspoort

transport
het transport

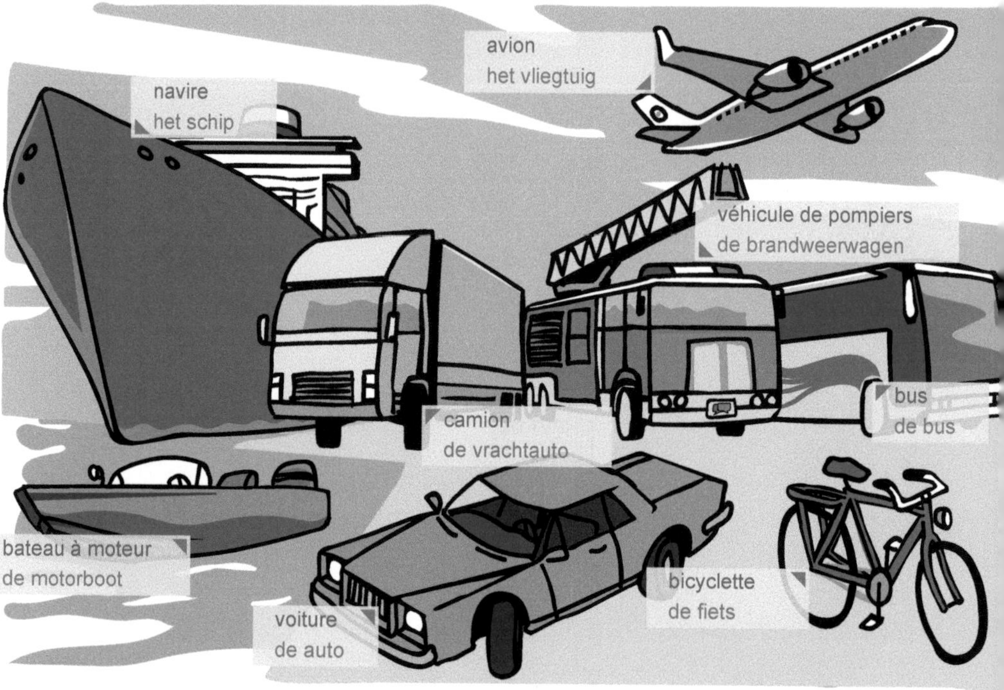

avion
het vliegtuig
navire
het schip
véhicule de pompiers
de brandweerwagen
bus
de bus
camion
de vrachtauto
bateau à moteur
de motorboot
bicyclette
de fiets
voiture
de auto

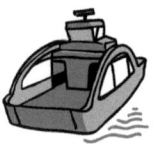

ferry
de veerboot

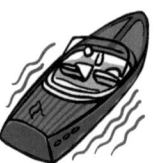

barque
de boot

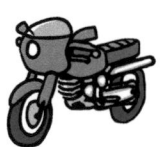

moto
de motorfiets

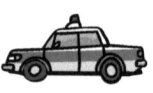

voiture de police
de politiewagen

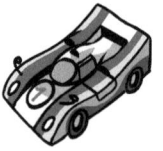

voiture de course
de raceauto

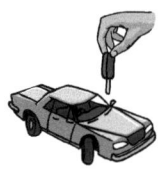

voiture de location
de huurauto

auto-partage

de carsharing

voiture de remorquage

de takelwagen

benne à ordures

de vuilniswagen

moteur

de motor

essence

de benzine

station d'essence

de benzinepomp

panneau indicateur

het verkeersbord

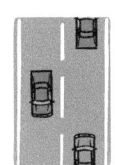

trafic

het verkeer

embouteillage

de file

parking

de parkeerplaats

gare

het station

rails

de rails

train

de trein

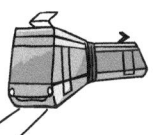

tramway

de tram

wagon

de wagon

hélicoptère

de helikopter

aéroport

de luchthaven

tour

de toren

passager

de passagier

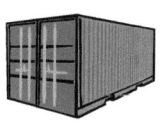

conteneur

de container

carton

de verhuisdoos

chariot

de kar

corbeille

de mand

décoller / atterrir

opstijgen / landen

ville
de stad

village

het dorp

centre-ville

het stadscentrum

maison

het huis

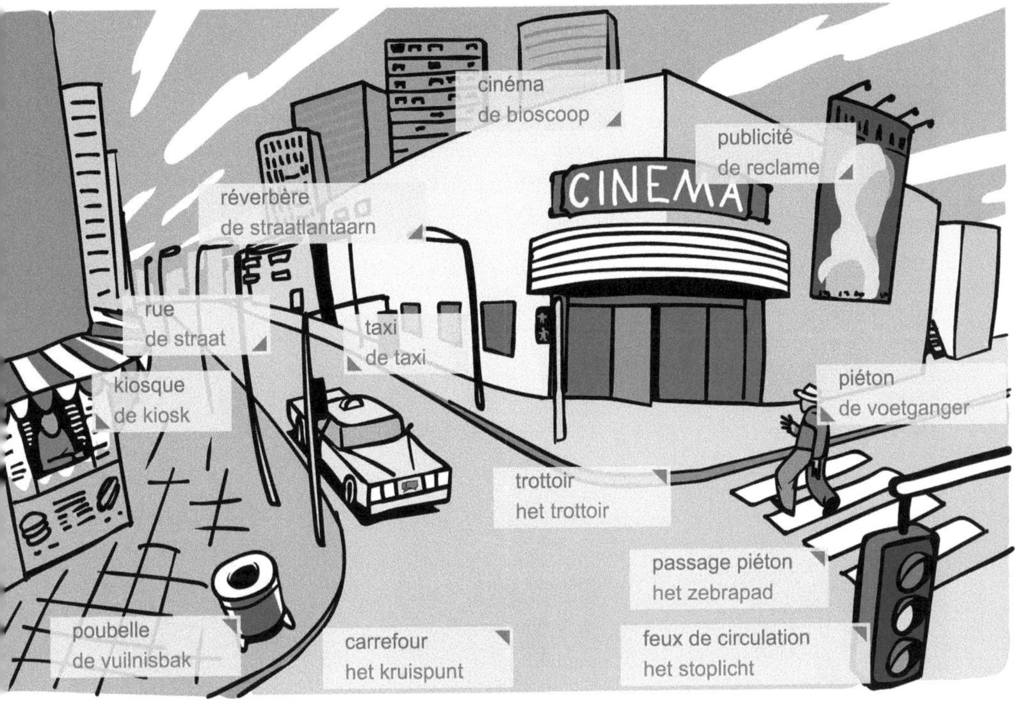
cinéma
de bioscoop
publicité
de reclame
CINEMA
réverbère
de straatlantaarn
rue
de straat
taxi
de taxi
kiosque
de kiosk
piéton
de voetganger
trottoir
het trottoir
passage piéton
het zebrapad
poubelle
de vuilnisbak
carrefour
het kruispunt
feux de circulation
het stoplicht

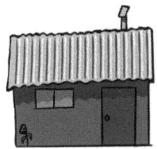

cabane

de hut

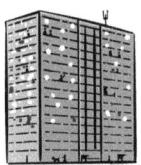

appartement

het appartement

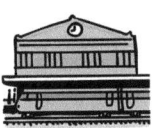

gare

het station

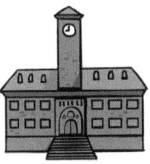

mairie

het stadhuis

MUSEUM

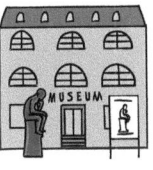

musée

het museum

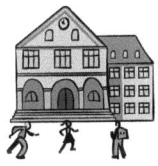

école

de school

université
de universiteit

banque
de bank

hôpital
het ziekenhuis

hôtel
het hotel

pharmacie
de apotheek

bureau
het kantoor

librairie
de boekenwinkel

magasin
de winkel

fleuriste
de bloemenwinkel

supermarché
de supermarkt

marché
de markt

grand magasin
het warenhuis

poissonnerie
de visboer

centre commercial
het winkelcentrum

port
de haven

parc

het park

banque

de bank

pont

de brug

escaliers

de trap

métro

de metro

tunnel

de tunnel

arrêt de bus

de bushalte

bar

de bar

restaurant

het restaurant

boîte à lettres

de brievenbus

panneau indicateur

het straatnaambord

parcmètre

de parkeermeter

zoo

de dierentuin

piscine

het zwembad

mosquée

de moskee

ferme

de boerderij

pollution

de vervuiling

cimetière

de begraafplaats

église

de kerk

aire de jeux

de speelplaats

temple

de tempel

paysage
het landschap

feuille
het blad

panneau indicateur
de wegwijzer

chemin
de weg

pré
de weide

pierre
de steen

arbre
de boom

randonneur
de wandelaar

rivière
de rivier

herbe
het gras

fleur
de bloem

vallée
....
de vallei

montagne
....
de berg

lac
....
het meer

forêt
....
het bos

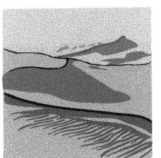

désert
....
de woestijn

volcan
....
de vulkaan

château
....
het kasteel

arc-en-ciel
....
de regenboog

champignon
....
de paddenstoel

palmier
....
de palmboom

moustique
....
de mug

mouche
....
de vlieg

fourmis
....
de mier

abeille
....
de bij

araignée
....
de spin

coléoptère

de kever

grenouille

de kikker

écureuil

de eekhoorn

hérisson

de egel

lièvre

de haas

chouette

de uil

oiseau

de vogel

cygne

de zwaan

sanglier

het wild zwijn

cerf

het hert

élan

de eland

barrage

de stuwdam

éolienne

de windmolen

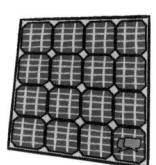

panneau solaire

het zonnepaneel

climat

het klimaat

serveur
de ober

menu
het menu

chaise
de stoel

soupe
de soep

pizza
de pizza

couverts
het bestek

nappe
het tafelkleed

hors d'œuvre

het voorgerecht

plat principal

het hoofdgerecht

dessert

het toetje

boissons

de dranken

alimentation

het eten

bouteille

de fles

fast-food

de/het fastfood

plats à emporter

het eetkraampje

théière

de theepot

sucrier

de suikerpot

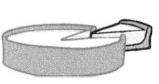

portion

de portie

machine à expresso

de espressomachine

chaise haute

de kinderstoel

facture

de rekening

plateau

het dienblad

couteau

het mes

fourchette

de vork

cuillère

de lepel

cuillère à thé

de theelepel

serviette

het servet

verre

het glas

restaurant - het restaurant

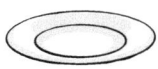

assiette
het bord

assiette à soupe
het soepbord

soucoupe
de schotel

sauce
de saus

salière
het zoutvaatje

moulin à poivre
de pepermolen

vinaigre
de azijn

huile
de olie

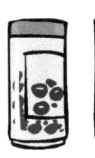

épices
de kruiden

ketchup
de ketchup

moutarde
de mosterd

mayonnaise
de mayonaise

supermarché
de supermarkt

offre promotionnelle
de aanbieding
client
de klant
produits laitiers
de zuivelproducten
fruits
het fruit
chariot
de winkelwagen
FOR

BUTCHERS

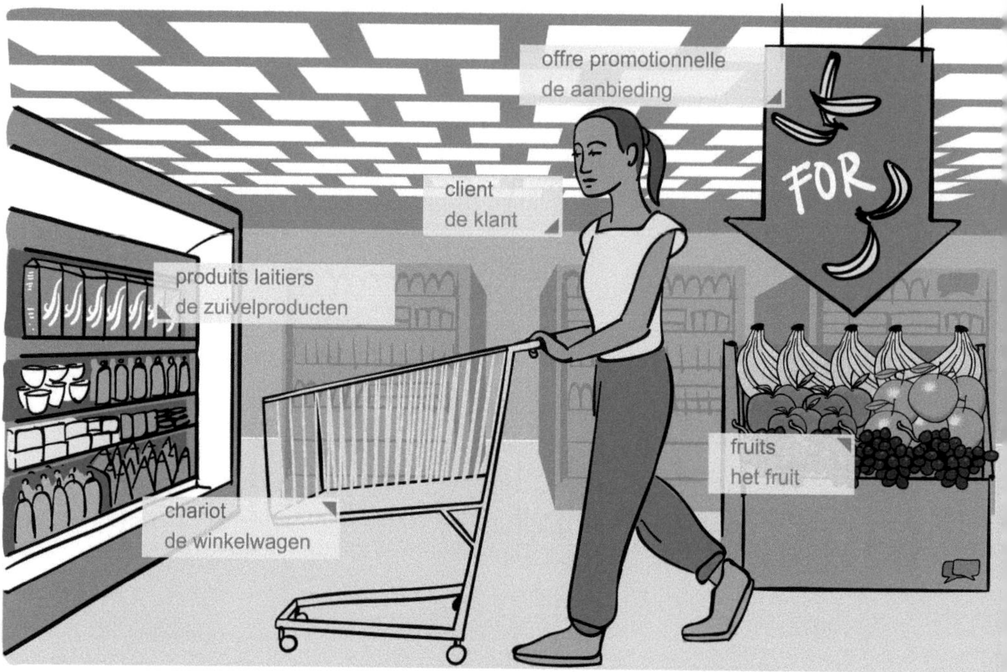

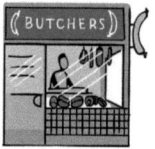

boucherie

de slager

BAKERY

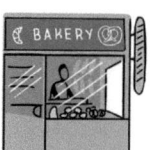

boulangerie

de bakkerij

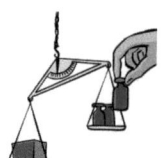

peser

wegen

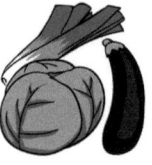

légumes

de groente

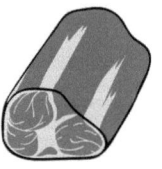

viande

het vlees

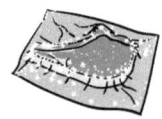

aliments surgelés

de diepvriesproducten

charcuterie

de vleeswaren

conserves

de conserven

poudre à lessive

het wasmiddel

bonbons

het snoepgoed

articles ménagers

de huishoudelijke artikelen

détergents

het schoonmaakmiddel

vendeuse

de verkoopster

caisse

de kassa

caissier

de kassier

liste d'achats

het boodschappenlijstje

heures d'ouverture

de openingstijden

portefeuille

de portefeuille

carte de crédit

de creditkaart

sac

de tas

sac en plastique

de plastic zak

eau

het water

jus de fruit

het sap

lait

de melk

coca

de cola

vin

de wijn

bière

het bier

alcool

de alcohol

chocolat chaud

de chocolademelk

thé

de thee

café

de koffie

expresso

de espresso

cappuccino

de cappuccino

banane

de banaan

pomme

de appel

orange

de sinaasappel

melon

de watermeloen

citron

de citroen

carotte

de wortel

ail

de knoflook

bambou

de bamboe

oignon

de ui

champignon

de paddenstoel

noisettes

de noten

pâtes

de pasta

spaghetti

de spaghetti

riz

de rijst

salade

de salade

pommes frites

de friet

pommes de terre rôties

de gebakken aardappelen

pizza

de pizza

hamburger

de hamburger

sandwich

de sandwich

escalope

de schnitzel

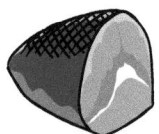

jambon

de ham

salami

de salami

saucisse

de worst

poulet

de kip

rôti

het gebraad

poisson

de vis

alimentation - het eten

flocons d'avoine

de havermout

muesli

de muesli

cornflakes

de cornflakes

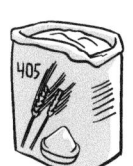

farine

het meel

croissant

de croissant

petits-pains

de broodjes

pain

het brood

pain grillé

de toast

biscuits

de koekjes

beurre

de boter

le fromage blanc

de kwark

gâteau

de taart

œuf

het ei

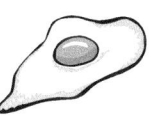

œuf au plat

het gebakken ei

fromage

de kaas

alimentation - het eten

glace

het ijs

sucre

de suiker

miel

de honing

confiture

de jam

crème nougat

de chocoladepasta

curry

de kerrie

ferme
de boerderij

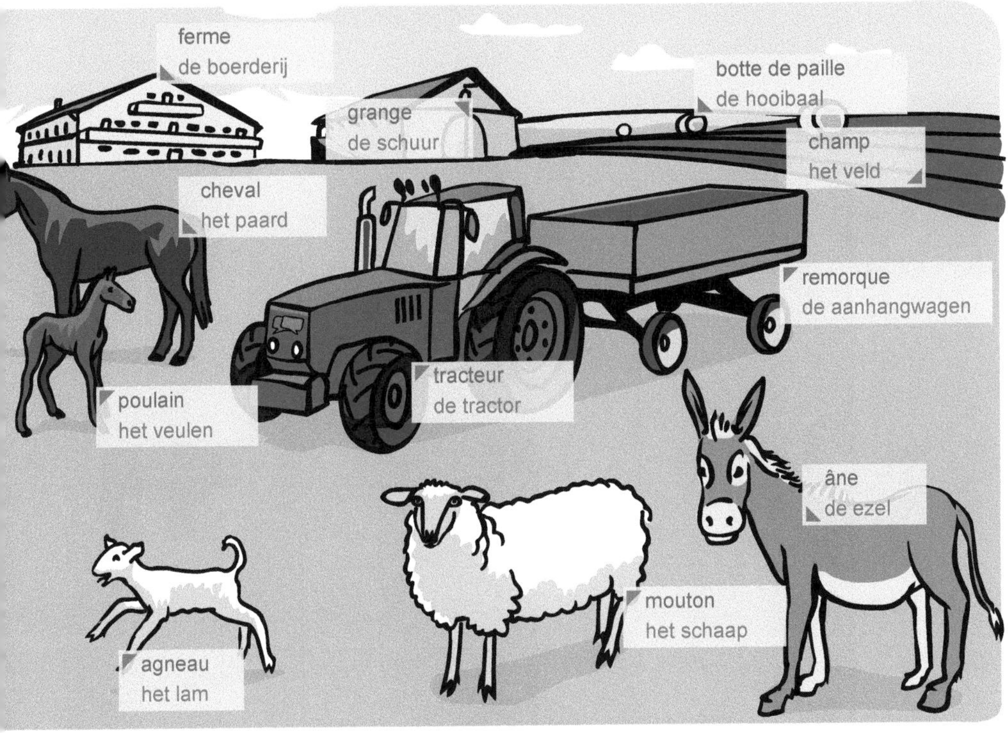

ferme
de boerderij
grange
de schuur
botte de paille
de hooibaal
champ
het veld
cheval
het paard
remorque
de aanhangwagen
tracteur
de tractor
poulain
het veulen
âne
de ezel
mouton
het schaap
agneau
het lam

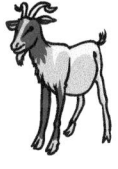

chèvre

de geit

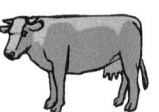

vache

de koe

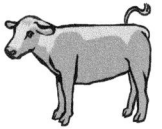

veau

het kalf

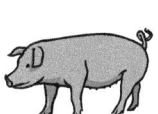

porc

het varken

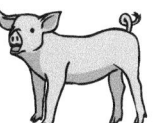

porcelet

de big

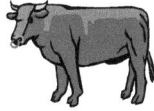

taureau

de stier

oie
de gans

canard
de eend

poussin
het kuiken

poule
de kip

coq
de haan

rat
de rat

chat
de kat

souris
de muis

bœuf
de os

chien
de hond

chenil
het hondenhok

tuyau de jardin
de tuinslang

arrosoir
de gieter

faucheuse
de zeis

charrue
de ploeg

faucille

de sikkel

pioche

de schoffel

fourche

de hooivork

hache

de bijl

brouette

de kruiwagen

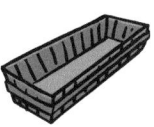

cuve

de trog

pot à lait

de melkbus

sac

de zak

clôture

het hek

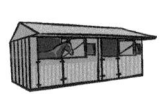

étable

de stal

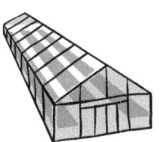

serre

de broeikas

sol

de grond

semences

het zaad

engrais

de mest

moissonneuse-batteuse

de maaidorser

récolter

oogsten

récolte

de oogst

igname

de yam

blé

de tarwe

soja

de soja

pomme de terre

de aardappel

maïs

de maïs

colza

het koolzaad

arbre fruitier

de fruitboom

manioc

de maniok

céréales

de granen

maison
het huis

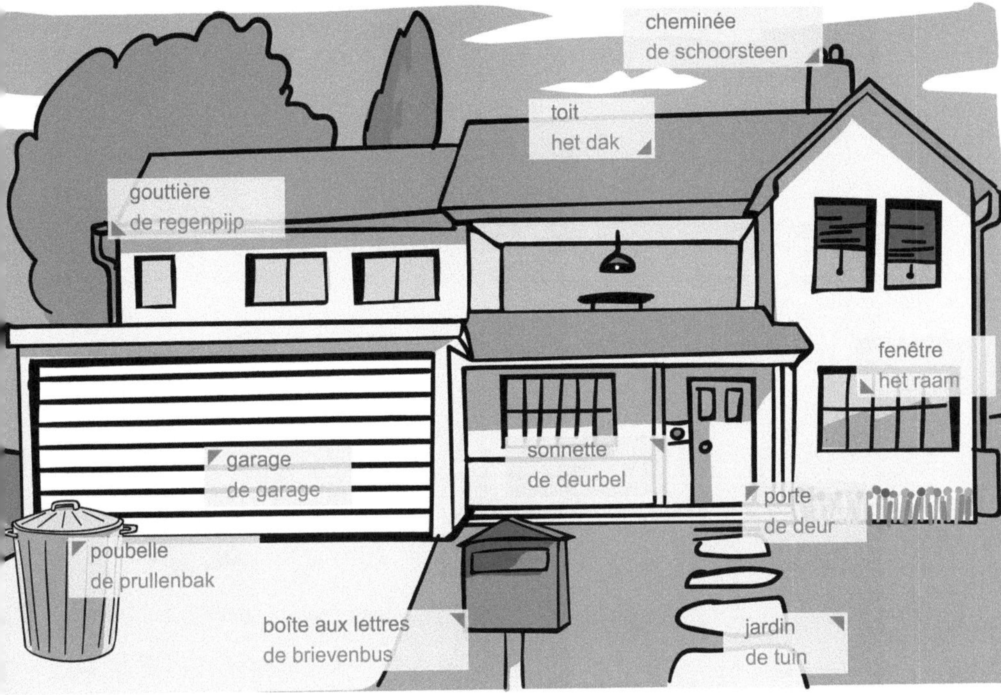
cheminée
de schoorsteen
toit
het dak
gouttière
de regenpijp
fenêtre
het raam
garage
de garage
sonnette
de deurbel
porte
de deur
poubelle
de prullenbak
boîte aux lettres
de brievenbus
jardin
de tuin

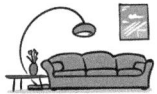

salon

de woonkamer

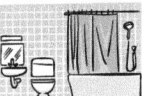

salle de bain

de badkamer

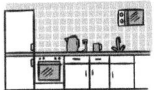

cuisine

de keuken

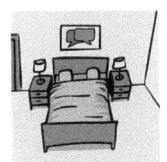

chambre à coucher

de slaapkamer

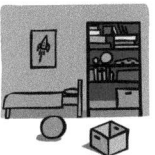

chambre d'enfant

de kinderkamer

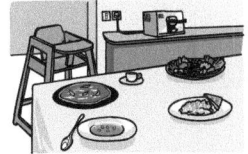

salle à manger

de eetkamer

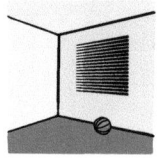

sol
de vloer

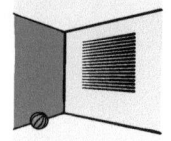

mur
de muur

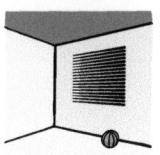

plafond
het plafond

cave
de kelder

sauna
de sauna

balcon
het balkon

terrasse
het terras

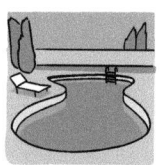

piscine
het zwembad

tondeuse à gazon
de grasmaaier

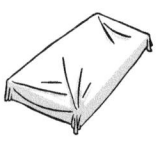

housse
het laken

couette
de bedsprei

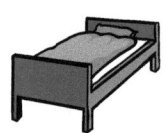

lit
het bed

balai
de bezem

sceau
de emmer

interrupteur
de schakelaar

salon
de woonkamer

papier peint
het behang
image
de foto
lampe
de lamp
étagère
de plank
armoire
de kast
télé
de televisie
cheminée
de open haard
fleur
de bloem
coussin
het kussen
sofa
het bankstel
vase
de vaas
télécommande
de afstandsbediening

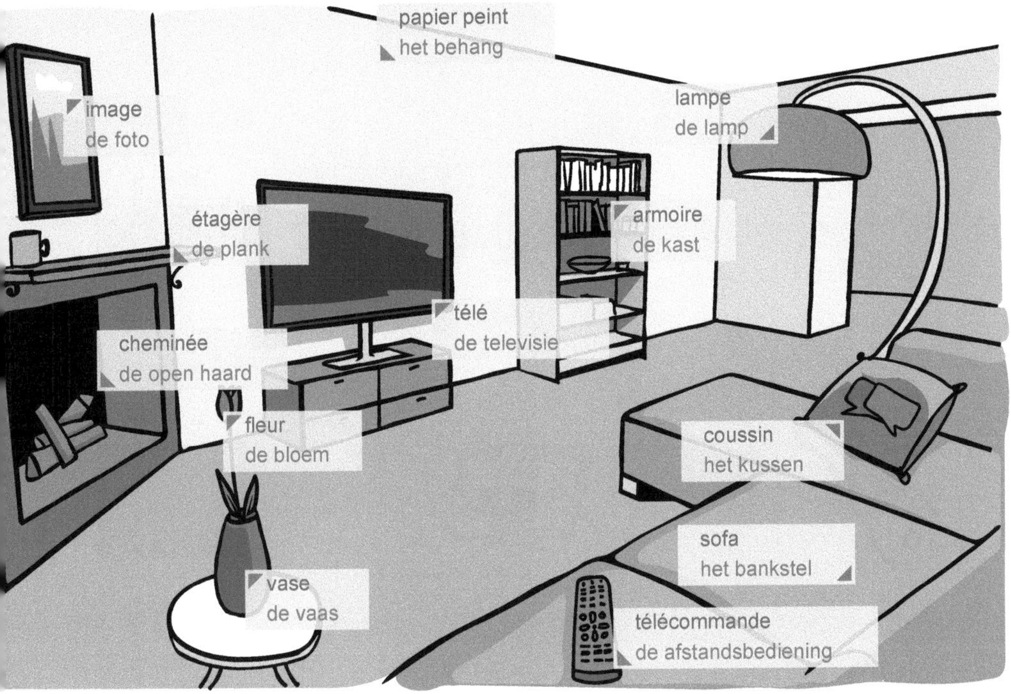

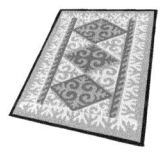

tapis

het tapijt

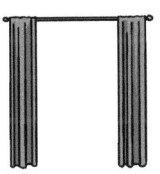

rideau

het gordijn

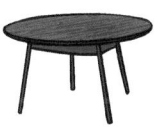

table

de tafel

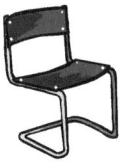

chaise

de stoel

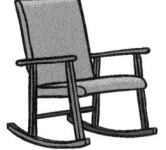

chaise à bascule

de schommelstoel

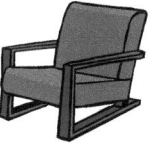

fauteuil

de stoel

livre

het boek

couverture

de deken

décoration

de decoratie

bois de chauffage

het brandhout

film

de film

chaîne hi-fi

de stereo-installatie

clé

de sleutel

journal

de krant

peinture

het schilderij

poster

de poster

radio

de radio

bloc-notes

het kladblok

aspirateur

de stofzuiger

cactus

de cactus

bougie

de kaars

cuisine
de keuken

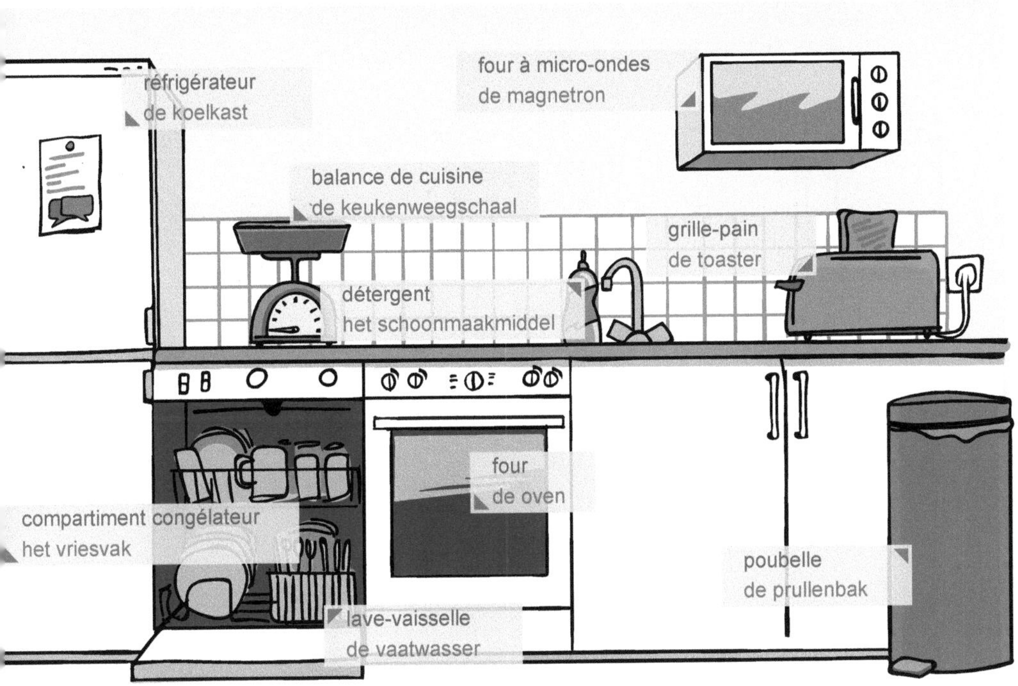

four à micro-ondes
de magnetron
réfrigérateur
de koelkast
balance de cuisine
de keukenweegschaal
grille-pain
de toaster
détergent
het schoonmaakmiddel
four
de oven
compartiment congélateur
het vriesvak
poubelle
de prullenbak
lave-vaisselle
de vaatwasser

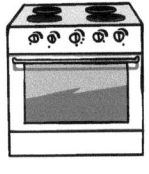

four
het fornuis

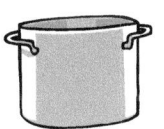

casserole
de pan

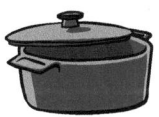

marmite
de gietijzeren pan

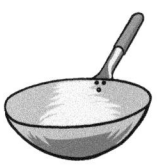

wok / kadai
de wok / kadai

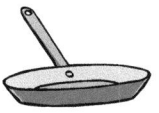

poêle
de koekenpan

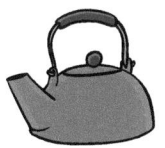

bouilloire electrique
de ketel

cuiseur vapeur

de stoomkoker

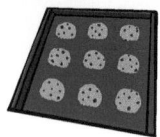

plaque de cuisson

de bakplaat

vaisselle

het servies

gobelet

de beker

coupe

de kom

baguettes

de eetstokjes

louche

de soeplepel

spatule

de spatel

fouet

de garde

passoire

het vergiet

tamis

de zeef

râpe

de rasp

mortier

de vijzel

barbecue

de barbecue

cheminée

de vuurhaard

planche à découper

de snijplank

rouleau à pâtisserie

de deegroller

tire-bouchon

de kurkentrekker

boîte

het blik

ouvre-boîte

de blikopener

maniques

de pannenlap

lavabo

de wasbak

brosse

de borstel

éponge

de spons

mixeur

de blender

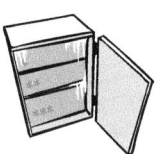

congélateur

de vriezer

biberon

het babyflesje

robinet

de kraan

salle de bain

de badkamer

douche
de douche
chauffage
de verwarming
serviette
de handdoek
rideau de douche
het douchegordijn
bain moussant
het bubbelbad
baignoire
het bad
verre
het glas
machine à laver
de wasmachine
robinet
de kraan
carrelage
de tegels
pot
het potje
lavabo
de wasbak

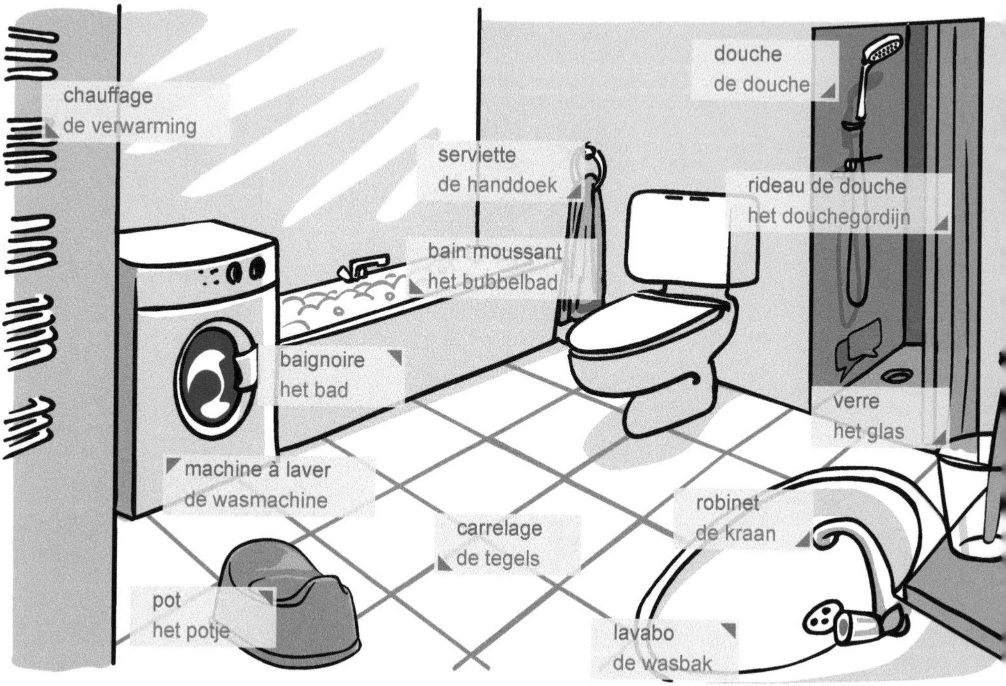

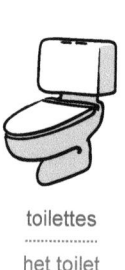

toilettes

het toilet

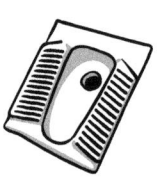

toilette à la turque

het hurktoilet

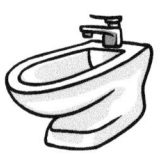

bidet

de/het bidet

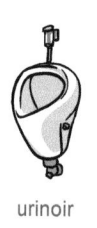

urinoir

het urinoir

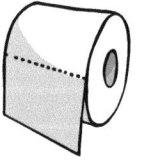

papier toilette

het toiletpapier

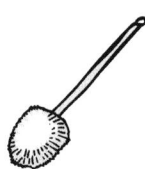

brosse à toilette

de toiletborstel

brosse à dents

de tandenborstel

dentifrice

de tandpasta

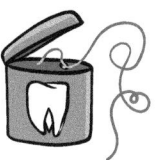

fil dentaire

het flosdraad

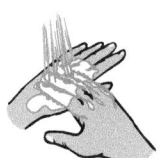

laver

wassen

douche manuelle

de handdouche

douche intime

de toiletdouche

vasque

de waskom

brosse dorsale

de rugborstel

savon

de zeep

gel douche

de douchegel

shampooing

de shampoo

gant de toilette

het washandje

écoulement

de afvoer

crème

de creme

déodorant

de deodorant

miroir

de spiegel

miroir cosmétique

de make-upspiegel

rasoir

het scheermes

mousse à raser

het scheerschuim

après-rasage

de aftershave

peigne

de kam

brosse

de borstel

sèche-cheveux

de haardroger

laque pour cheveux

de haarspray

fond de teint

de make-up

rouge à lèvres

de lippenstift

vernis à ongles

de nagellak

ouate

de watten

coupe-ongles

het nagelschaartje

parfum

de/het parfum

trousse de toilette
de toilettas

tabouret
de kruk

pèse-personne
de weegschaal

peignoir
de badjas

gants de nettoyage
de rubber handschoenen

tampon
de tampon

serviettes hygiéniques
het maandverband

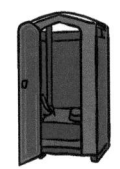

toilette chimique
het chemisch toilet

chambre d'enfant

de kinderkamer

réveil
de wekker
doudou
het knuffeldier
voiture jouet
de speelgoedauto
hochet
de rammelaar
maison de poupée
het poppenhuis
cadeau
het cadeau

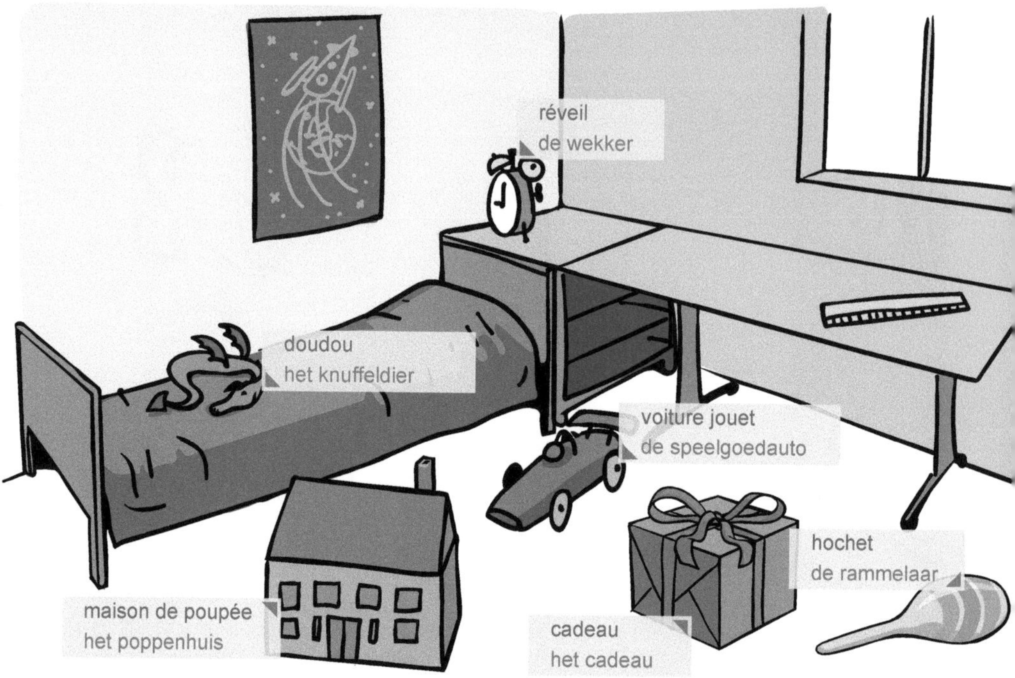

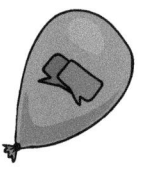

ballon

de ballon

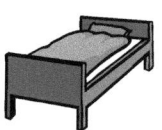

lit

het bed

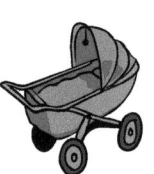

poussette

de kinderwagen

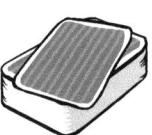

jeu de cartes

het kaartspel

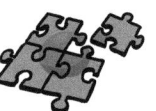

puzzle

de puzzel

SUPER MEGA

bande dessinée

het stripverhaal

pièces lego

de legostenen

blocs de construction

de speelgoedblokken

figurine

het actiefiguurtje

grenouillère

de romper

frisbee

de frisbee

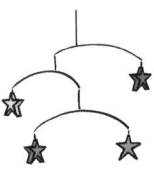

mobile

de/het mobile

jeu de société

het bordspel

dé

de dobbelsteen

train miniature

de modeltrein

sucette

de speen

fête

het feestje

livre d'images

het prentenboek

balle

de bal

poupée

de pop

jouer

spelen

bac à sable

de zandbak

balançoire

de schommel

jouets

het speelgoed

console de jeu

de spelcomputer

tricycle

de driewieler

ours en peluche

de teddybeer

armoire

de kleerkast

vêtements
de kleding

chaussettes

de sokken

bas

de kousen

collant

de panty

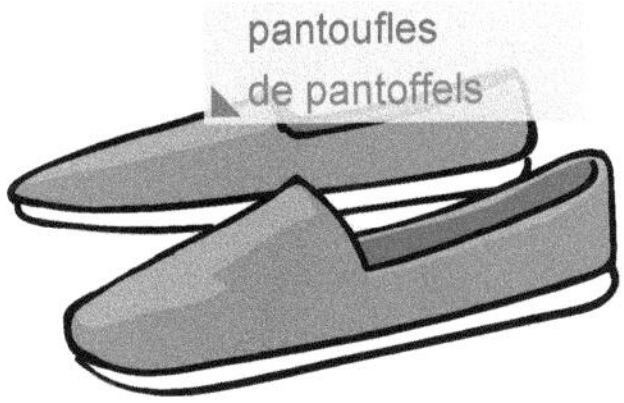

écharpe
de sjaal

parapluie
de paraplu

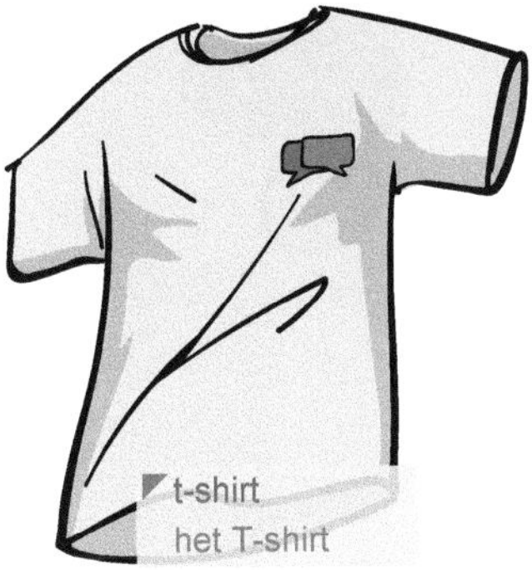

ceinture
de riem

t-shirt
het T-shirt

bottes
de laarzen

pantoufles
de pantoffels

baskets
de sportschoenen

sandales
de sandalen

chaussures
de schoenen

bottes de caoutchouc
de rubberlaarzen

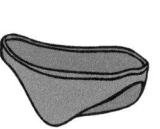

sous-vêtements
de onderbroek

soutien-gorge
de beha

maillot de corps
het onderhemd

body
de body

pantalon
de broek

jean
de spijkerbroek

jupe
de rok

chemisier
de blouse

chemise
het overhemd

pull
de trui

sweat à capuche
de hoody

veste
de blazer

veste
de jas

manteau
de mantel

imperméable
de regenjas

costume
het kostuum

robe
de jurk

robe de mariée
de trouwjurk

vêtements - de kleding

costume

het pak

chemise de nuit

het nachthemd

pyjama

de pyjama

sari

de sari

foulard

de hoofddoek

turban

de tulband

burqa

de boerka

caftan

de kaftan

abaya

de abaja

maillot de bain

het zwempak

maillot de bain

de zwembroek

short

de korte broek

tenue d'entraînement

het trainingspak

tablier

de/het schort

gants

de handschoenen

bouton

de knoop

lunettes

de bril

bracelet

de armband

collier

de ketting

bague

de ring

boucle d'oreille

de oorbel

bonnet

de pet

cintre

de kledinghanger

chapeau

de hoed

cravate

de stropdas

fermeture éclair

de rits

casque

de helm

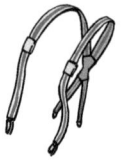

bretelles

de bretels

uniforme scolaire

het schooluniform

uniforme

het uniform

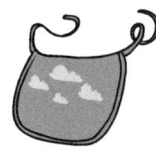

bavoir

het slabbetje

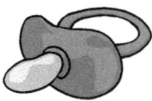

sucette

de speen

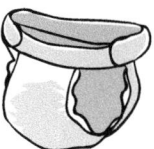

lange

de luier

bureau

het kantoor

serveur
de server
armoire d'archivage
de archiefkast
imprimante
de printer
apier
et papier
écran
het beeldscherm
souris
de muis
bureau
het bureau
classeur
de map
clavier
het toetsenbord
chaise
de stoel
corbeille à papier
de prullenmand
ordinateur
de computer

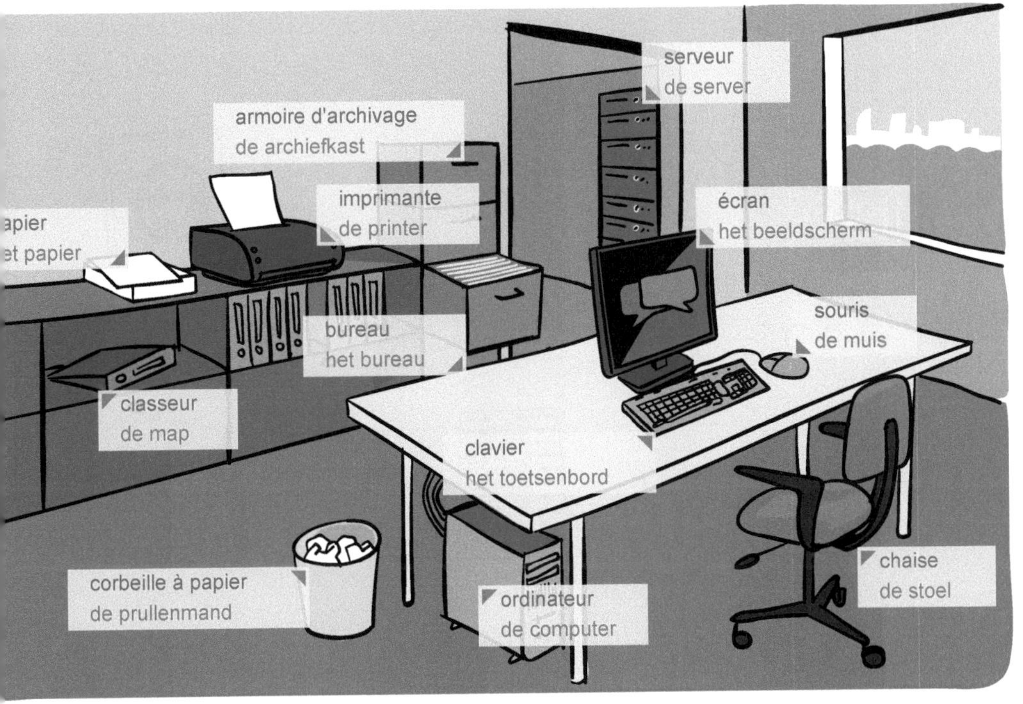

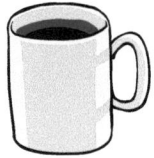

tasse de café

de koffiemok

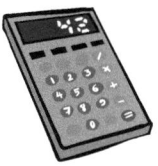

calculatrice

de rekenmachine

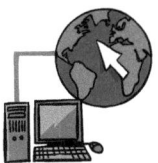

internet

het internet

ordinateur portable

de laptop

lettre

de brief

message

het bericht

portable

de mobiele telefoon

réseau

het netwerk

photocopieuse

de kopieermachine

logiciel

de software

téléphone

de telefoon

prise

het stopcontact

fax

de fax

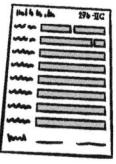

formulaire

het formulier

document

het document

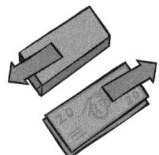

acheter

kopen

payer

betalen

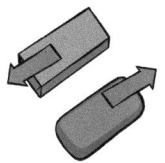

faire du commerce

handel drijven

monnaie

het geld

dollar

de dollar

euro

de euro

yen

de yen

rouble

de roebel

franc suisse

de Zwitserse frank

renminbi yuan

de renminbi yuan

roupie

de roepie

distributeur automatique

de geldautomaat

bureau de change

het wisselkantoor

or

het goud

argent

het zilver

pétrole

de olie

énergie

de energie

prix

de prijs

contrat

het contract

taxe

de belasting

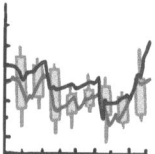

action

het aandeel

travailler

werken

employé

de werknemer

employeur

de werkgever

usine

de fabriek

magasin

de winkel

52   économie - de economie

agent de police
de politieagent

pompier
de brandweerman

cuisinier
de kok

médecin
de dokter

pilote
de piloot

jardinier
de tuinman

menuisier
de timmerman

couturière
de naaister

juge
de rechter

chimiste
de scheikundige

acteur
de toneelspeler

conducteur de bus

de buschauffeur

chauffeur de taxi

de taxichauffeur

pêcheur

de visser

femme de ménage

de schoonmaakster

couvreur

de dakdekker

serveur

de ober

chasseur

de jager

peintre

de schilder

boulanger

de bakker

électricien

de elektricien

ouvrier

de bouwvakker

ingénieur

de ingenieur

boucher

de slager

plombier

de loodgieter

facteur

de postbode

soldat

de soldaat

architecte

de architect

caissier

de kassier

fleuriste

de bloemist

coiffeur

de kapper

contrôleur

de conducteur

mécanicien

de monteur

capitaine

de kapitein

dentiste

de tandarts

scientifique

de wetenschapper

rabbin

de rabbi

imam

de imam

moine

de monnik

prêtre

de pastoor

outils

het gereedschap

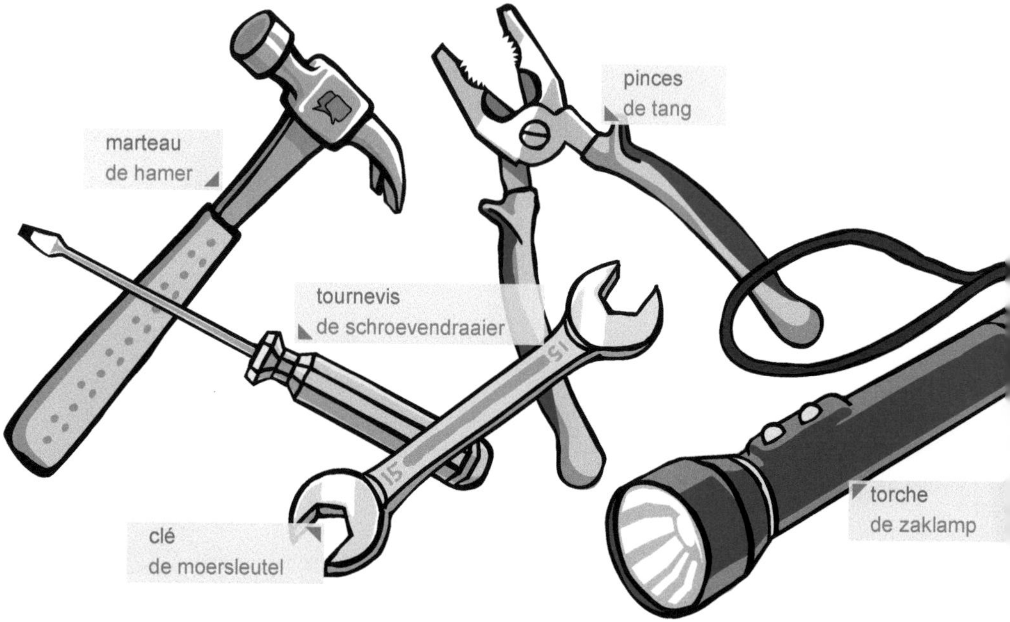
marteau
de hamer
pinces
de tang
tournevis
de schroevendraaier
clé
de moersleutel
torche
de zaklamp

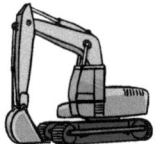

pelleteuse

de graafmachine

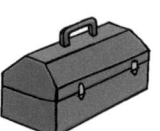

boîte à outils

de gereedschapskist

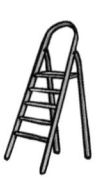

échelle

de ladder

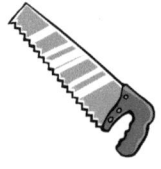

scie

de zaag

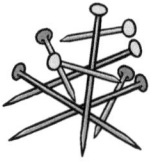

clous

de spijkers

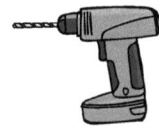

perceuse

de boor

réparer

repareren

pelle

de schep

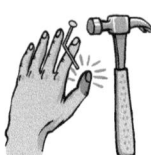

Mince !

Verdorie!

pelle

het stofblik

pot de peinture

de verfpot

vis

de schroeven

instruments de musique
de muziekinstrumenten

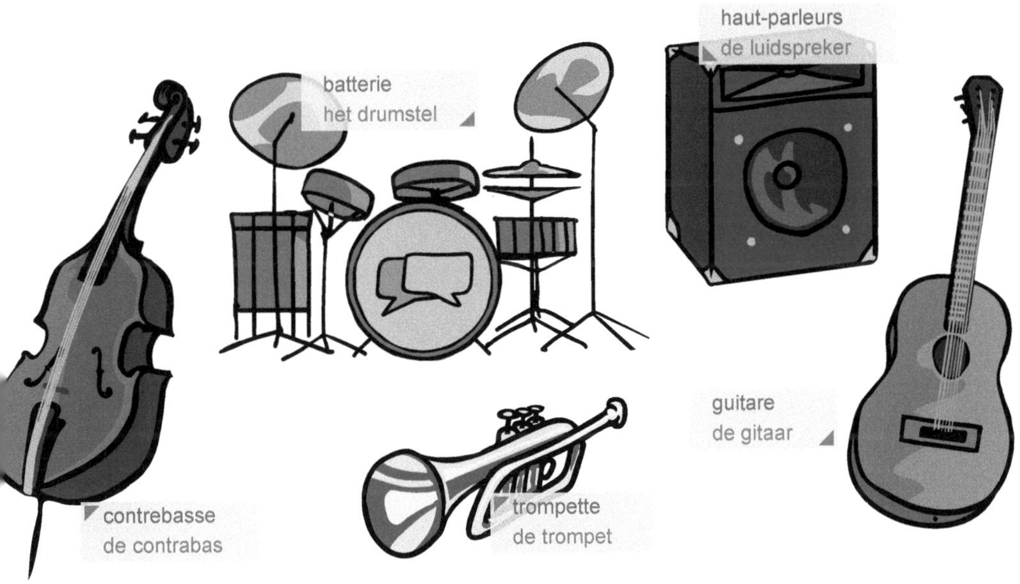

batterie
het drumstel

haut-parleurs
de luidspreker

guitare
de gitaar

contrebasse
de contrabas

trompette
de trompet

piano
de piano

violon
de viool

basse
de bas

timbales
de pauk

tambour
de trommel

piano électrique
het keyboard

saxophone
de saxofoon

flûte
de fluit

microphone
de microfoon

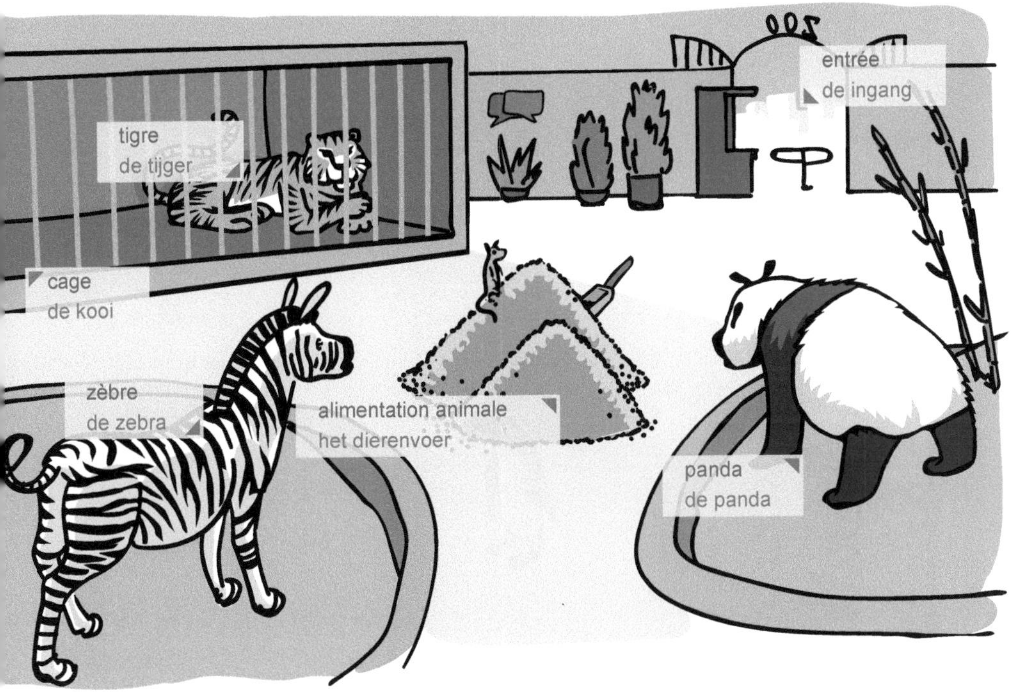

de dierentuin

tigre
de tijger

cage
de kooi

zèbre
de zebra

alimentation animale
het dierenvoer

panda
de panda

animaux
de dieren

éléphant
de olifant

kangourou
de kangoeroe

rhinocéros
de neushoorn

gorille
de gorilla

ours
de beer

chameau

de kameel

autruche

de struisvogel

lion

de leeuw

singe

de aap

flamand rose

de flamingo

perroquet

de papegaai

ours polaire

de ijsbeer

pingouin

de pinguïn

requin

de haai

paon

de pauw

serpent

de slang

crocodile

de krokodil

gardien de zoo

de dierenverzorger

phoque

de zeehond

jaguar

de jaguar

zoo - de dierentuin

poney
de pony

léopard
de/het luipaard

hippopotame
het nijlpaard

girafe
de giraffe

aigle
de adelaar

sanglier
het wild zwijn

poisson
de vis

tortue
de schildpad

morse
de walrus

renard
de vos

gazelle
de gazelle

american Football
American football

cyclisme
wielrennen

tennis
tennis

basket-ball
basketbal

natation
zwemmen

boxe
boksen

hockey sur glace
ijshockey

football
voetbal

badminton
badminton

athlétisme
atletiek

handball
handbal

ski
skiën

polo
polo

activités
de activiteiten

rire
lachen
sauter
springen
embrasser
knuffelen
marcher
lopen
chanter
zingen
rêver
dromen
prier
bidden
faire la bise
kussen

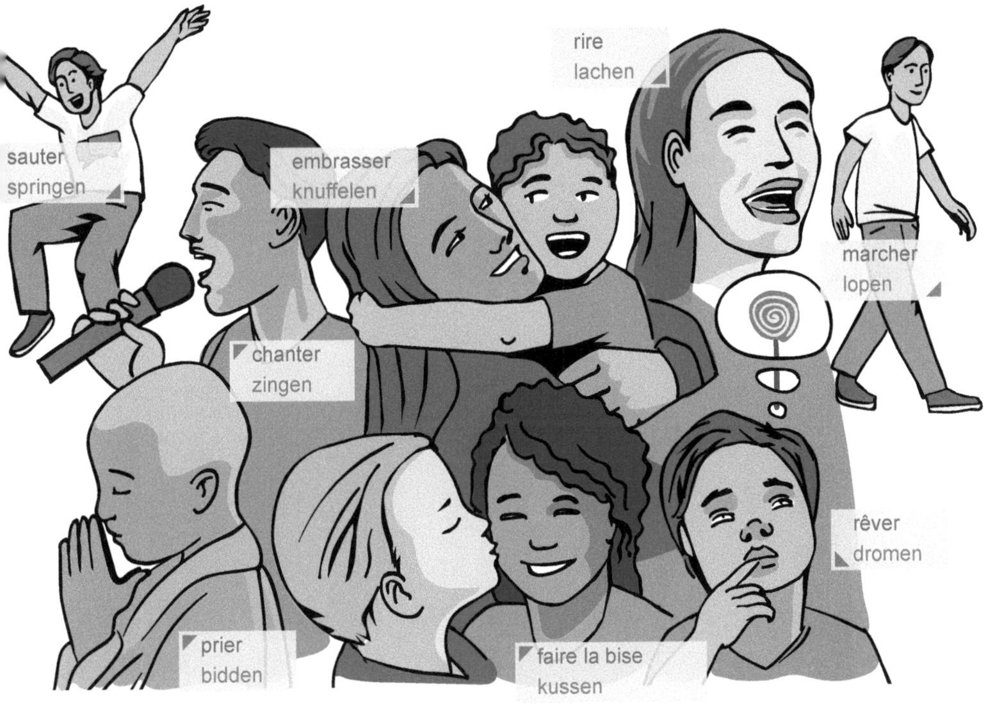

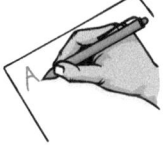

écrire
schrijven

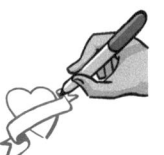

dessiner
tekenen

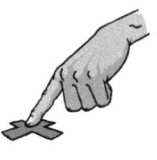

montrer
tonen

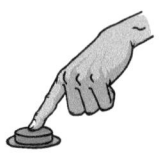

pousser
duwen

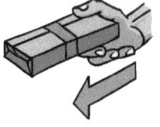

donner
geven

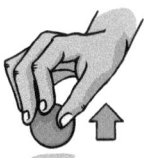

prendre
oppakken

avoir

hebben

faire

doen

être

zijn

être debout

staan

courir

rennen

trier

trekken

jeter

gooien

tomber

vallen

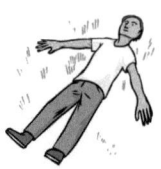

être couché

liggen

attendre

wachten

porter

dragen

être assis

zitten

s'habiller

aankleden

dormir

slapen

se réveiller

wakker worden

activités - de activiteiten

regarder
bekijken

pleurer
huilen

caresser
strelen

peigner
kammen

parler
praten

comprendre
begrijpen

demander
vragen

écouter
horen

boire
drinken

manger
eten

ranger
opruimen

aimer
houden van

cuire
koken

conduire
rijden

voler
vliegen

faire de la voile

zeilen

calculer

rekenen

lire

lezen

apprendre

leren

travailler

werken

se marier

trouwen

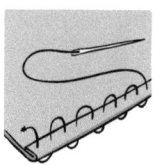

coudre

naaien

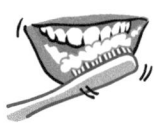

brosser les dents

tandenpoetsen

tuer

doden

fumer

roken

envoyer

verzenden

activités - de activiteiten

famille
de familie

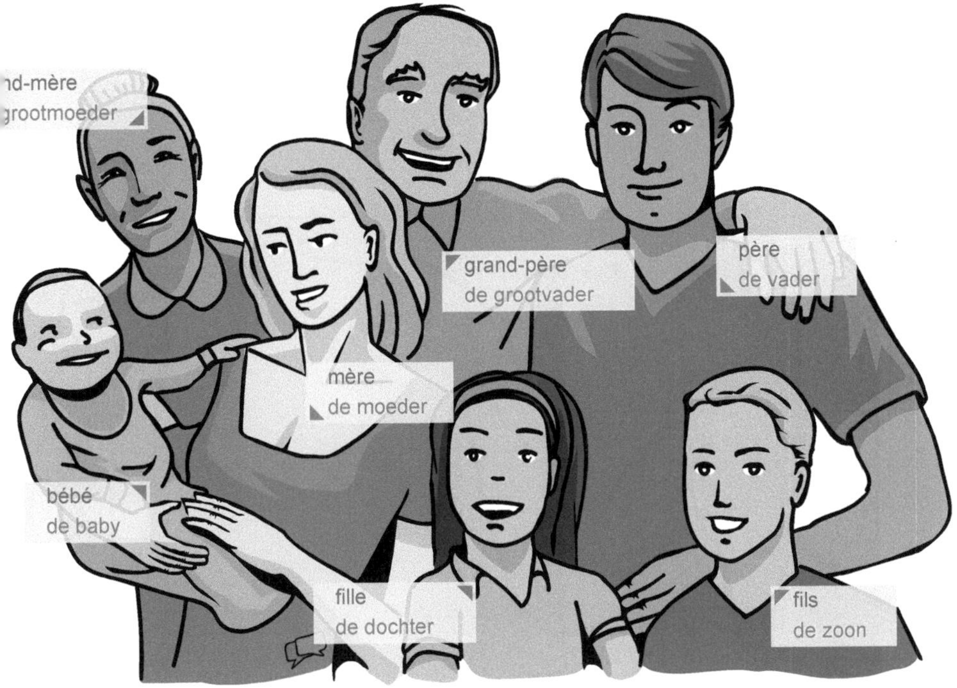

nd-mère
grootmoeder
grand-père
de grootvader
père
de vader
mère
de moeder
bébé
de baby
fille
de dochter
fils
de zoon

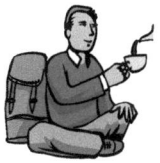

hôte

de gast

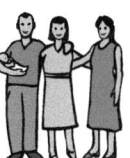

tante

de tante

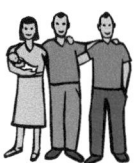

oncle

de oom

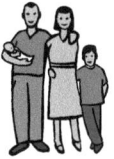

frère

de broer

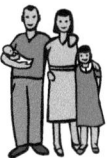

sœur

de zus

corps

het lichaam

front
het voorhoofd
œil
het oog
épaule
de schouder
doigt
de vinger
visage
het gezicht
menton
de kin
main
de hand
jambe
het been
poitrine
de borst
bras
de arm

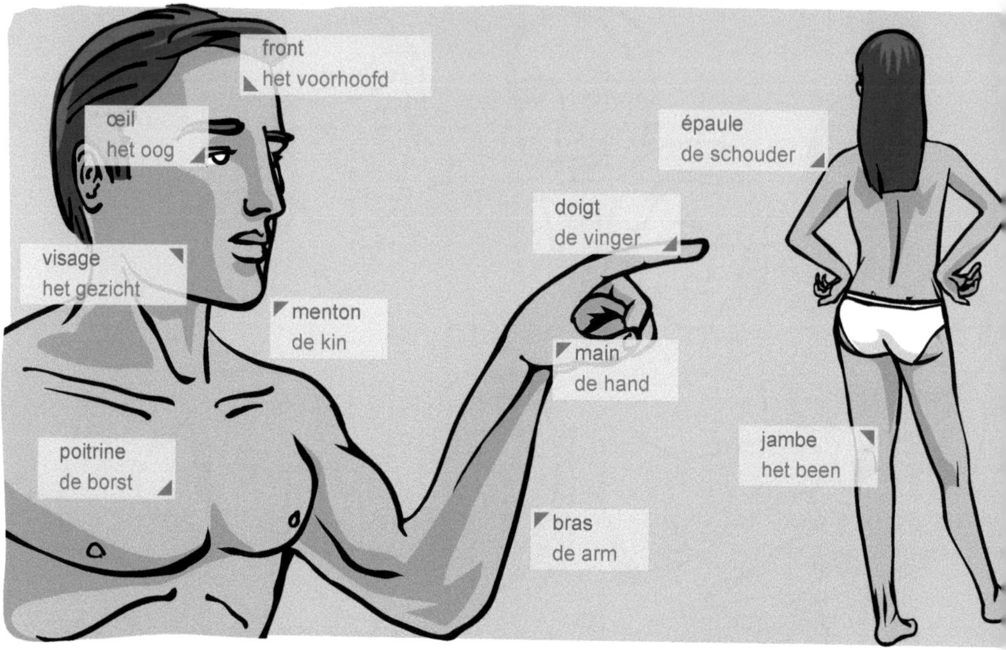

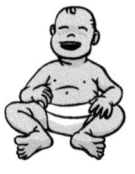

bébé

de baby

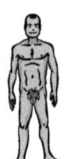

homme

de man

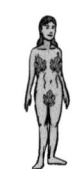

femme

de vrouw

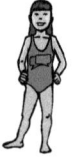

fille

het meisje

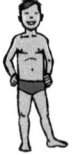

garçon

de jongen

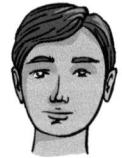

tête

het hoofd

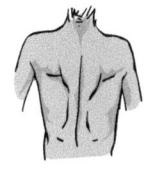

dos
....
de rug

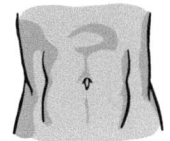

ventre
....
de buik

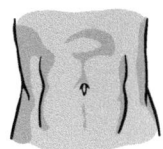

nombril
....
de navel

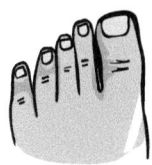

orteil
....
de teen

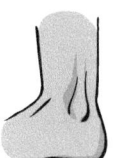

talon
....
de hiel

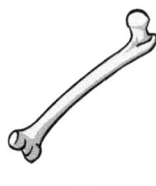

os
....
het bot

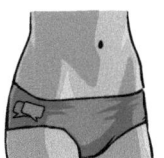

hanche
....
de heup

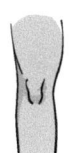

genou
....
de knie

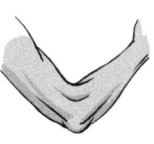

coude
....
de elleboog

nez
....
de neus

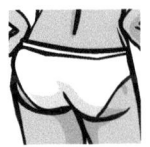

fesses
....
het achterwerk

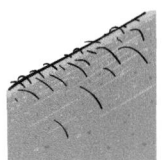

peau
....
de huid

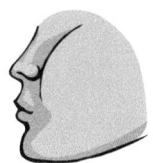

joue
....
de wang

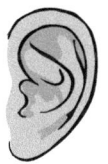

oreille
....
het oor

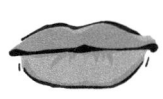

lèvre
....
de lippen

corps - het lichaam

bouche

de mond

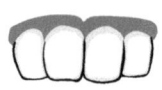

dent

de tand

langue

de tong

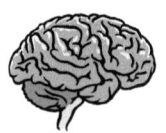

cerveau

de hersenen

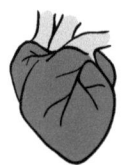

cœur

het hart

muscle

de spier

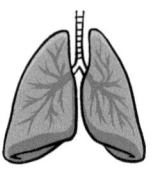

poumons

de long

foie

de lever

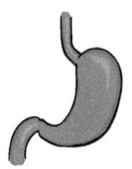

estomac

de maag

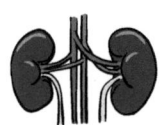

reins

de nieren

rapport sexuel

de geslachtsgemeenschap

préservatif

het condoom

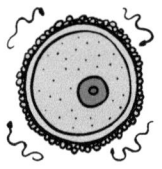

ovule

de eicel

sperme

het sperma

grossesse

de zwangerschap

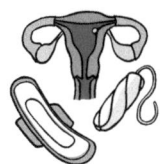

menstruation
de menstruatie

vagin
de vagina

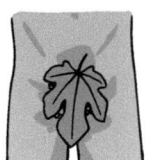

pénis
de penis

sourcil
de wenkbrauw

cheveux
het haar

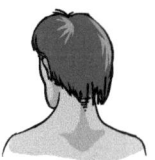

cou
de hals

hôpital
het ziekenhuis

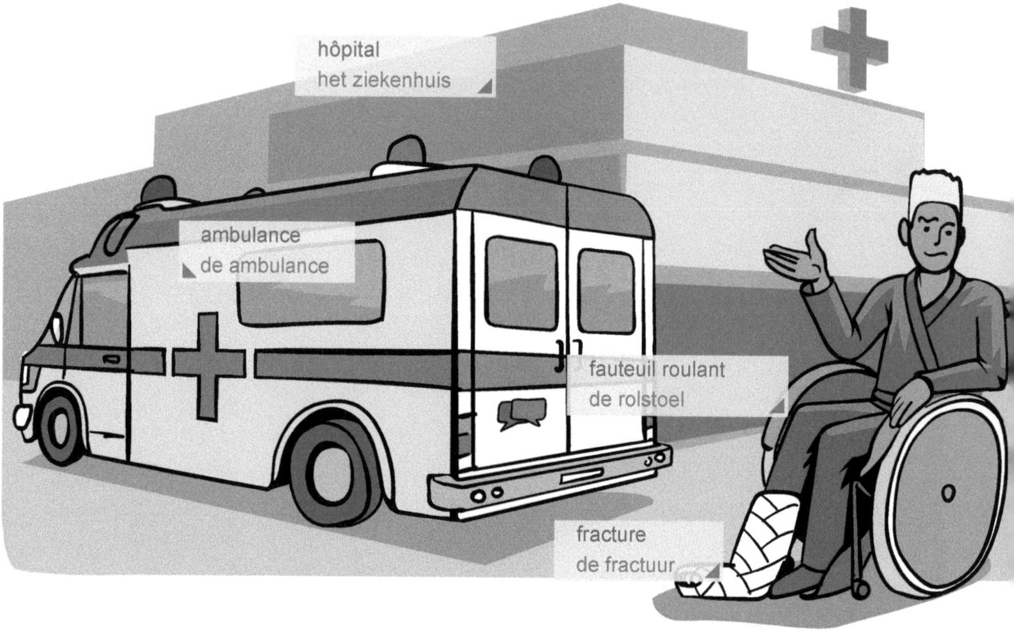

hôpital
het ziekenhuis
ambulance
de ambulance
fauteuil roulant
de rolstoel
fracture
de fractuur

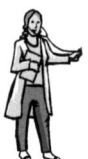

médecin
de dokter

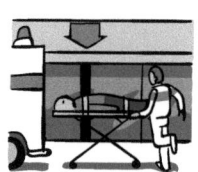

service des urgences
de EHBO

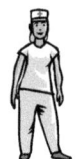

infirmière
de verpleegster

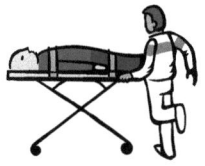

urgence
het noodgeval

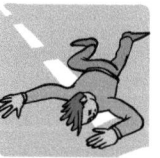

inconscient
bewusteloos

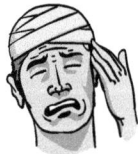

douleur
de pijn

blessure

de verwonding

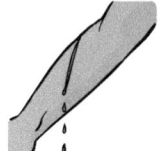

hémorragie

de bloeding

crise cardiaque

de hartaanval

attaque cérébrale

de beroerte

allergie

de allergie

toux

de hoest

fièvre

de koorts

grippe

de griep

diarrhée

de diarree

mal de tête

de hoofdpijn

cancer

de kanker

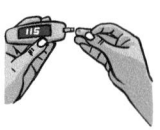

diabète

de diabetes

chirurgien

de chirurg

scalpel

het scalpel

opération

de operatie

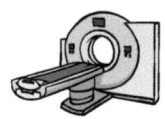

CT
de CT

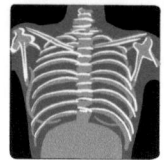

radiographie
de röntgen

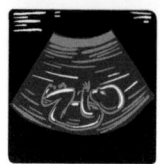

échographie
de echografie

masque
het gezichtsmasker

maladie
de ziekte

salle d'attente
de wachtkamer

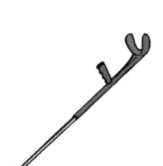

béquille
de kruk

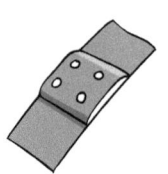

pansement
de pleister

pansement
het verband

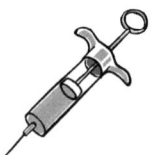

injection
de injectie

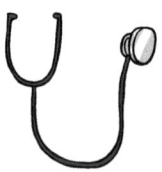

stéthoscope
de stethoscoop

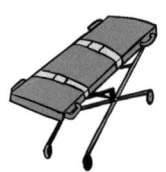

brancard
de brancard

thermomètre
de thermometer

accouchement
de geboorte

surcharge pondérale
het overgewicht

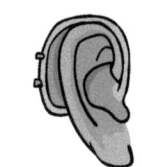

appareil auditif

het gehoorapparaat

désinfectant

het ontsmettingsmiddel

infection

de infectie

virus

het virus

VIH / sida

(de) HIV / AIDS

médicament

het medicijn

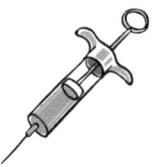

vaccination

de inenting

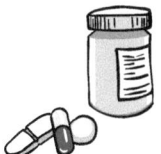

comprimés

de tabletten

pilule

de pil

appel d'urgence

het alarmnummer

tensiomètre

de bloeddrukmeter

malade / sain

ziek / gezond

Au secours !

Help!

alarme

het alarm

assaut

de overval

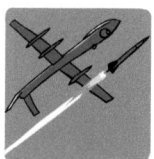

attaque

de aanval

danger

het gevaar

sortie de secours

de nooduitgang

Au feu!

Brand!

extincteur

de brandblusser

accident

het ongeluk

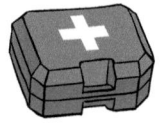

trousse de premier secours

de EHBO-koffer

SOS

SOS

police

de politie

Europe

Europa

Amérique du Nord

Noord-Amerika

Amérique du Sud

Zuid-Amerika

Afrique

Afrika

Asie

Azië

Australie

Australië

Océan atlantique

de Atlantische Oceaan

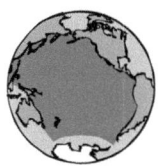

Océan pacifique

de Stille Oceaan

Océan indien

de Indische Oceaan

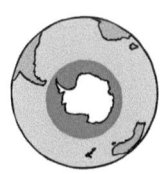

Océan antarctique

de Zuidelijke Oceaan

Océan arctique

de Noordelijke IJszee

pôle nord

de Noordpool

pôle sud

de Zuidpool

Antarctique

Antarctica

terre

de aarde

pays

het land

mer

de zee

île

het eiland

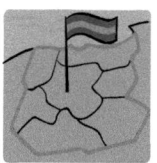

nation

de natie

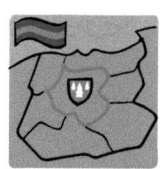

état

de staat

cadran

de wijzerplaat

aiguille des heures

de uurwijzer

aiguille des minutes

de minutenwijzer

aiguille des secondes

de secondewijzer

Quelle heure est-il ?

Hoe laat is het?

jour

de dag

temps

de tijd

maintenant

nu

montre digitale

het digitaal horloge

minute

de minuut

heure

het uur

semaine
de week

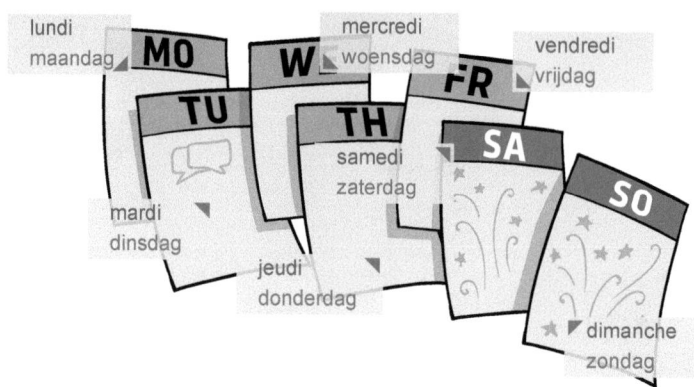

lundi
maandag

mardi
dinsdag

mercredi
woensdag

jeudi
donderdag

vendredi
vrijdag

samedi
zaterdag

dimanche
zondag

hier
gisteren

aujourd'hui
vandaag

demain
morgen

matin
de ochtend

midi
de middag

soir
de avond

jours ouvrables
de werkdagen

week-end
het weekend

pluie
de regen

arc-en-ciel
de regenboog

neige
de sneeuw

vent
de wind

printemps
het voorjaar

automne
de herfst

été
de zomer

hiver
de winter

4.APRIL	11°	☀
5.APRIL	4°	☁
6.APRIL	13°	☔
7.APRIL	8°	☀
8.APRIL	10°	☀

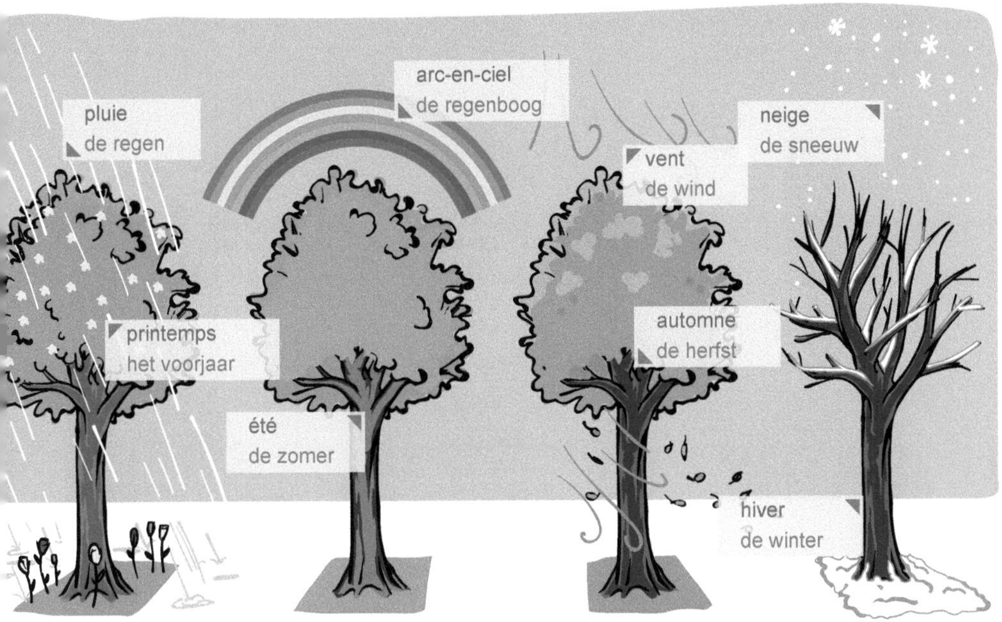

météo
....
het weerbericht

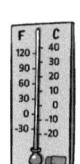

thermomètre
....
de thermometer

lumière du soleil
....
de zonneschijn

nuage
....
de wolk

brouillard
....
de mist

humidité
....
de luchtvochtigheid

foudre

de bliksem

tonnerre

de donder

tempête

de storm

grêle

de hagel

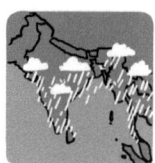

mousson

de moesson

inondation

de overstroming

glace

het ijs

janvier

januari

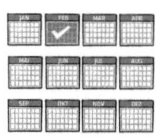

février

februari

mars

maart

avril

april

mai

mei

juin

juni

juillet

juli

août

augustus

année - het jaar

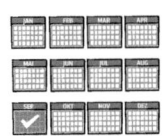

septembre

september

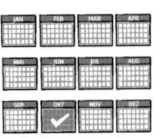

octobre

oktober

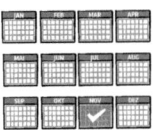

novembre

november

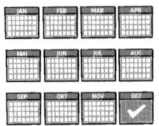

décembre

december

formes
de vormen

cercle

de cirkel

carré

het vierkant

rectangle

de rechthoek

triangle

de driehoek

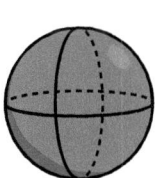

sphère

de bol

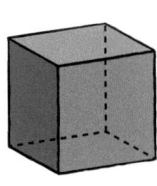

cube

de kubus

blanc

wit

jaune

geel

orange

oranje

rose

roze

rouge

rood

violet

paars

bleu

blauw

vert

groen

marron

bruin

gris

grijs

noir

zwart

beaucoup / peu

veel / weinig

fâché / calme

boos / rustig

joli / laid

mooi / lelijk

début / fin

begin / einde

grand / petit

groot / klein

clair / obscure

licht / donker

frère / soeur

broer / zus

propre / sale

schoon / vies

complet / incomplet

volledig / onvolledig

jour / nuit

dag/ nacht

mort / vivant

dood / levend

large / étroit

breed / smal

comestible / incomestible

eetbaar / oneetbaar

méchant / gentil

gemeen / aardig

excité / ennuyé

opgewonden / verveeld

gros / mince

dik / dun

premier / dernier

eerste / laatste

ami / ennemi

vriend / vijand

plein / vide

vol / leeg

dur / souple

hard / zacht

lourd / léger

zwaar / licht

faim / soif

honger / dorst

malade / sain

ziek / gezond

illégal / légal

illegaal / legaal

intelligent / stupide

intelligent / dom

gauche / droite

links / rechts

proche / loin

dichtbij / ver

nouveau / usé

nieuw / gebruikt

rien / quelque chose

niets / iets

vieux / jeune

oud / jong

marche / arrêt

aan / uit

ouvert / fermé

open / gesloten

faible / fort

zacht / luid

riche / pauvre

rijk / arm

correct / incorrect

goed / fout

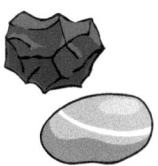

rugueux / lisse

ruw / glad

triste / heureux

verdrietig / gelukkig

court / long

kort / lang

lent / rapide

langzaam / snel

mouillé / sec

nat / droog

chaud / froid

warm / koel

guerre / paix

oorlog / vrede

0

zéro
....
nul

1

un / une
....
één

2

deux
....
twee

3

trois
....
drie

4

quatre
....
vier

5

cinq
....
vijf

6

six
....
zes

7

sept
....
zeven

8

huit
....
acht

9

neuf
....
negen

10

dix
....
tien

11

onze
....
elf

12
douze
twaalf

13
treize
dertien

14
quatorze
veertien

15
quinze
vijftien

16
seize
zestien

17
dix-sept
zeventien

18
dix-huit
achttien

19
dix-neuf
negentien

20
vingt
twintig

100
cent
honderd

1.000
mille
duizend

1.000.000
million
miljoen

anglais

Engels

anglais américain

Amerikaans Engels

chinois mandarin

Chinees Mandarijn

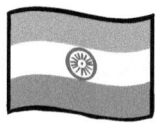

hindi

Hindi

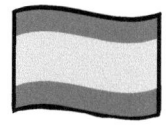

espagnol

Spaans

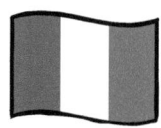

français

Frans

arabe

Arabisch

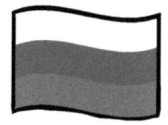

russe

Russisch

portugais

Portugees

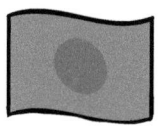

bengali

Bengalees

allemand

Duits

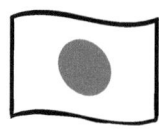

japonais

Japans

je

ik

tu

jij

il / elle / ce, c', cela

hij / zij / het

nous

wij

vous

jullie

ils / elles

zij

Qui ?

wie?

Quoi ?

wat?

Comment ?

hoe?

Où ?

waar?

Quand ?

wanneer?

nom

de naam

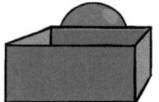

derrière
....
achter

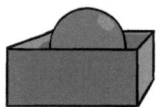

dans
....
in

devant
....
voor

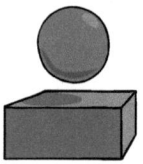

au-dessus
....
boven

sur
....
op

en-dessous
....
onder

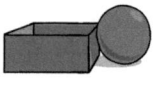

à côté de
....
naast

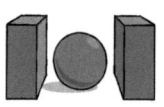

entre
....
tussen

lieu
....
plaats